BEI GRIN MACHT SICH IHR WISSEN BEZAHLT

- Wir veröffentlichen Ihre Hausarbeit, Bachelor- und Masterarbeit
- Ihr eigenes eBook und Buch - weltweit in allen wichtigen Shops
- Verdienen Sie an jedem Verkauf

Jetzt bei www.GRIN.com hochladen und kostenlos publizieren

Bibliografische Information der Deutschen Nationalbibliothek:

Die Deutsche Bibliothek verzeichnet diese Publikation in der Deutschen Nationalbibliografie; detaillierte bibliografische Daten sind im Internet über http://dnb.d-nb.de/ abrufbar.

Dieses Werk sowie alle darin enthaltenen einzelnen Beiträge und Abbildungen sind urheberrechtlich geschützt. Jede Verwertung, die nicht ausdrücklich vom Urheberrechtsschutz zugelassen ist, bedarf der vorherigen Zustimmung des Verlages. Das gilt insbesondere für Vervielfältigungen, Bearbeitungen, Übersetzungen, Mikroverfilmungen, Auswertungen durch Datenbanken und für die Einspeicherung und Verarbeitung in elektronische Systeme. Alle Rechte, auch die des auszugsweisen Nachdrucks, der fotomechanischen Wiedergabe (einschließlich Mikrokopie) sowie der Auswertung durch Datenbanken oder ähnliche Einrichtungen, vorbehalten.

Impressum:

Copyright © 2018 GRIN Verlag
Druck und Bindung: Books on Demand GmbH, Norderstedt Germany
ISBN: 9783668744752

Dieses Buch bei GRIN:

https://www.grin.com/document/429940

Chantal Dietrich

Fitnessökonomie. Jahresabschlussanalyse, Controlling, Kostenrechnung

GRIN Verlag

GRIN - Your knowledge has value

Der GRIN Verlag publiziert seit 1998 wissenschaftliche Arbeiten von Studenten, Hochschullehrern und anderen Akademikern als eBook und gedrucktes Buch. Die Verlagswebsite www.grin.com ist die ideale Plattform zur Veröffentlichung von Hausarbeiten, Abschlussarbeiten, wissenschaftlichen Aufsätzen, Dissertationen und Fachbüchern.

Besuchen Sie uns im Internet:

http://www.grin.com/

http://www.facebook.com/grincom

http://www.twitter.com/grin_com

Deutsche Hochschule für
Prävention und Gesundheitsmanagement
Hermann Neuberger Sportschule 3
66123 Saarbrücken

Einsendeaufgabe

Fachmodul: Betriebswirtschaftslehre 3

Studiengang: Fitnessökonomie

Datum Präsenzphase: 12.03.-15.03.2018

Name, Vorname: Dietrich, Chantal

Studienort: **Stuttgart**

Semester: **SS 2016**

Inhaltsverzeichnis

1 JAHRESABSCHLUSSANALYSE 3

1.1 Teilanalysen der Jahresabschlussanalyse 3

    1.1.1 Vertikale Strukturanalyse (Passivseite) für 2015 und 2016 3

    1.1.2 Kurzfristige Finanzanalyse für 2015 und 2016 3

    1.1.3 Erfolgsanalyse (Rentabilitätskennzahlen) für 2015 und 2016 5

1.2 Wirtschaftliche Entwicklung 5

2 CONTROLLING 7

2.1 Entwicklung eines Kennzahlensystems 7

2.2 Entwicklung eines Controllingsystems 8

2.3 Interpretation Controllingsystem 9

3 KOSTENRECHNUNG 10

3.1 Zuschlagskalkulation 10

3.2 Deckungsbeitragsrechnung 11

3.3 Interpretation einer Deckungsbeitragssituation 12

4 LITERATURVERZEICHNIS 13

5 ABBILDUNGS- UND TABELLENVERZEICHNIS 13

5.1 Abbildungsverzeichnis 13

5.2 Tabellenverzeichnis 13

1 Jahresabschlussanalyse

1.1 Teilanalysen der Jahresabschlussanalyse

1.1.1 Vertikale Strukturanalyse (Passivseite) für 2015 und 2016

In der folgenden Tabelle werden die diversen Strukturanalysen der Passivseite von der Bilanz der XY GmbH dargestellt. Sowohl die neutrale Formel als auch die konkreten Formeln für die Jahre 2015 und 2016.

Tabelle 1: Formeln der vertikalen Strukturanalyse (Schlaffke & Plünnecke, 2017, S.62-65).

Vertikale Struktur-analysen	Formel	2015 (in Euro)	2016 (in Euro)
Eigenkapitalquote	$\left(\frac{Eigenkapital}{Gesamtkapital}\right) x100$	$\left(\frac{1245800}{2139100}\right) x100$ =58,24%	$\left(\frac{1428000}{2721800}\right) x100$ =52,47%
Fremdkapitalquote	$\left(\frac{Fremdkapital}{Gesamtkapital}\right) x100$	$\left(\frac{893300}{2139100}\right) x100$ =41,76%	$\left(\frac{1293800}{2721800}\right) x100$ =47,53%
Verschuldungsgrad	$\left(\frac{Fremdkapital}{Eigenkapital}\right) x100$	$\left(\frac{893300}{1245800}\right) x100$ =71,7%	$\left(\frac{1293800}{1428000}\right) x100$ =90,60%
Umschlaghäufigkeit des Kapitals	$\left(\frac{Umsatz}{\emptyset Gesamtkapital}\right) x100$	$\left(\frac{3150257}{2430450}\right) x100$ =129,62%	$\left(\frac{3652369}{2430450}\right) x100$ =150,28%

1.1.2 Kurzfristige Finanzanalyse für 2015 und 2016

Um den Cashflow zu errechnen, muss man vorab den Gewinn errechnen. Dies ist möglich mit den nun folgenden Rechenwegen.

$$Fremdkapitalzins = Fremdkapital \times Fremdkapitalzinssatz$$
$$Fremdkapitalzins\ 2015 = 496500\ Euro \times 4{,}36\% = 21647{,}4\ Euro$$
$$Fremdkapitalzins\ 2016 = 832700\ Euro \times 2{,}33\% = 19401{,}91\ Euro$$

$$Gesamtkapitalrentabilität = \left|\frac{(Gewinn + Fremdkapitalzins)}{Gesamtkapital}\right| \times 100$$

$Gesamtkapitalrentabilität\ 2015\ (5{,}25\%) = \left|\frac{(Gewinn+21647{,}4\ Euro)}{2139100\ Euro}\right| \times 100\ \ /100$

$0{,}0525 = \frac{(Gewinn + 21647{,}4\ Euro)}{2139100\ Euro} \qquad x2139100$

$112302{,}75 = Gewinn + 21647{,}4\ Euro \qquad -21647{,}4$

$90655{,}35\ Euro = Gewinn$

$Gesamtkapitalrentabilität\ 2016\ (7{,}41\%) = \left|\frac{(Gewinn+19401{,}91\ Euro)}{2721800\ Euro}\right| \times 100\ \ /100$

$0{,}0741 = \frac{(Gewinn + 19401{,}91\ Euro)}{2721800\ Euro} \qquad x2721800$

$105814{,}8 = Gewinn + 19401{,}91\ Euro \qquad -19401{,}91$

$86412{,}89\ Euro = Gewinn$

Die errechneten Gewinnwerte, werden auch für die Teilaufgabe 1.1.3 verwendet.

Tabelle 2 zeigt die kurzfristigen Finanzanalysen der XY GmbH der Jahre 2015 und 2016 auf.

Tabelle 2: Formeln der kurzfristigen Finanzanalyse (Schlaffke & Plünnecke, 2017, S.66-70).

Kurzfristige Finanz-analyse	Formel	2015 (in Euro)	2016 (in Euro)
Liquidität 1. Grades	$\left(\frac{ZMB}{kurzfr.Verb.}\right)x100$	$\left(\frac{83500}{291500}\right)x100$ =28,64%	$\left(\frac{119100}{1193300}\right)x100$ =9,98%
Cashflow	$Gewinn + Abschreibungen$	90655,35 + 72250 =162905,35 Euro	86412,89 + 94360 =180772,89 Euro
Working Capital	$Umlaufvermögen - kurzfr.Verb.$	651400 − 291500 =359900 Euro	662700 − 1193300 =−530600 Euro

ZMB = Zahlungsmittelbestand

Kurzfr. Verb. = kurzfristige Verbindlichkeiten

1.1.3 Erfolgsanalyse (Rentabilitätskennzahlen) für 2015 und 2016

Nachfolgend werden die Rentabilitätskennzahlen von 2015 und 2016 der XY GmbH aufgezeigt.

Tabelle 3: Formeln der Erfolgsanalyse (Schlaffke & Plünnecke, 2017, S.60-62, S.69).

Erfolgsanalyse	Formel	2015 (in Euro)	2016 (in Euro)
Gewinnänderungsrate	$\left(\frac{Gewinn\ Geschäftsjahr}{Gewinn\ Vorjahr}\right) x100$	Die Gewinnänderungsrate für 2015 ist nicht zu errechnen, da es keine Angaben zu dem Gewinn vom Vorjahr 2014 gibt.	$\left(\frac{86412,89}{90655,35}\right) x100$ =95,32%
Eigenkapitalrentabilität	$\left(\frac{Gewinn}{Eigenkapital}\right) x100$	$\left(\frac{90655,35}{1245800}\right) x100$ =7,28%	$\left(\frac{86412,89}{1428000}\right) x100$ =6,05%
Umsatzrentabilität	$\left(\frac{Gewinn}{Umsatz}\right) x100$	$\left(\frac{90655,35}{3150257}\right) x100$ =2,88%	$\left(\frac{86412,89}{3652369}\right) x100$ =2,37%

1.2 Wirtschaftliche Entwicklung

Betrachtet man die Jahresabschlussanalysen der XY GmbH von 2015 und 2016 fällt auf, dass sowohl das Anlage-, als auch das Umlaufvermögen gestiegen sind.
Dies lässt im Umkehrschluss die Annahme zu, dass die Vermögenswerte, sowie das Gesamtkapital im Unternehmen gestiegen sind.
Zudem sticht ins Auge, dass sich die Verbindlichkeiten, sowohl kurzfristig, als auch langfristig, stark erhöht haben. Dies lässt die Annahme zu, dass in das Unternehmen investiert wurde, eventuell auf Grund von Modernisierungen etc. Zudem haben sich die langfristigen Rückstellungen deutlich minimiert und die Sachanlagen, sowie langfristigen Vermögenswerte sind stark angestiegen, was die Annahme, dass in das Unternehmen investiert wurde, nochmals untermauert.

Die Eigenkapitalquote der XY GmbH sank von 2015 zu 2016, dies lässt darauf schließen, dass das Unternehmen an wirtschaftlicher Unabhängigkeit eingebüßt hat. Dies wird auch nochmals durch die angestiegene Fremdkapitalquote bestätigt. Außerdem ist der Verschuldungsgrad des Unternehmens um knapp 20% angestiegen, woraus resultiert, dass das Unternehmen finanziell nicht mehr so flexibel ist und abhängiger von den Kapitalgebern.

Sehr gravierend ist das Absinken der Liquidität 1. Grades von 28,64% in 2015 auf 9,98% in 2016. Die Liquidität spiegelt die Fähigkeit eines Unternehmens wieder seinen Zahlungsverpflichtungen jederzeit nachkommen zu können. Diese Entwicklung gilt es stark im Auge zu behalten, da diese in 2016 einen stark negativen Trend einschlägt.

Der angestiegene Cashflow ist wiederum als positiv zu bewerten. Diese Entwicklung ist natürlich auch durch die vermehrten Abschreibungen, auf Grund der Investitionen in das Unternehmen zurück zu führen.

Sehr gravierend ist aber das negative Working Capital, da dieses eine große Rolle bei der Liquidität des Unternehmens spielt. Das negative Working Capital spiegelt auch den aktuellen Trend der Liquidität 1. Grades der XY GmbH wieder, da diese wie bereits erläutert auch sehr stark abgesunken ist und weit unter dem Durchschnitt liegt.

Dieser negative Trend spiegelt sich auch in der Gewinnänderungsrate wieder, sowie in der Umsatzrentabilität. Hier wird nochmals deutlich, dass das Unternehmen im Jahr 2016 weniger Gewinn zu verzeichnen hat als im Vorjahr.

Zusammenfassend lässt sich sagen, dass die Entwicklung der XY GmbH von 2015 zu 2016 etwas negativ behangen ist.

Hier gilt jetzt abzuwägen, ob diese Entwicklung vorhergesehen war auf Grund der großen Investitionen und sich dieser negative Entwicklungstrend im nächsten Geschäftsjahr wieder wandelt, oder ob sich das Unternehmen verkalkuliert hat. Je nachdem müssen Gegenmaßnahmen ergriffen werden um weiterhin für die wirtschaftliche Sicherheit des Unternehmens zu sorgen, so dass keine roten Zahlen geschrieben werden.

YOUR KNOWLEDGE HAS VALUE

- We will publish your bachelor's and master's thesis, essays and papers

- Your own eBook and book - sold worldwide in all relevant shops

- Earn money with each sale

Upload your text at www.GRIN.com
and publish for free

Bibliographic information published by the German National Library:

The German National Library lists this publication in the National Bibliography; detailed bibliographic data are available on the Internet at http://dnb.dnb.de .

This book is copyright material and must not be copied, reproduced, transferred, distributed, leased, licensed or publicly performed or used in any way except as specifically permitted in writing by the publishers, as allowed under the terms and conditions under which it was purchased or as strictly permitted by applicable copyright law. Any unauthorized distribution or use of this text may be a direct infringement of the author s and publisher s rights and those responsible may be liable in law accordingly.

Imprint:

Copyright © 2017 GRIN Verlag, Open Publishing GmbH
Print and binding: Books on Demand GmbH, Norderstedt Germany
ISBN: 9783668531895

This book at GRIN:

http://www.grin.com/en/e-book/373939/analysis-of-renewable-energies-in-india

2 Controlling

2.1 Entwicklung eines Kennzahlensystems

Die Abbildung stellt ein Kennzahlensystem als Rechnungssystem dar, welchem die Gesamtkapitalrentabilität als zentrale Kennzahl zu Grunde liegt.

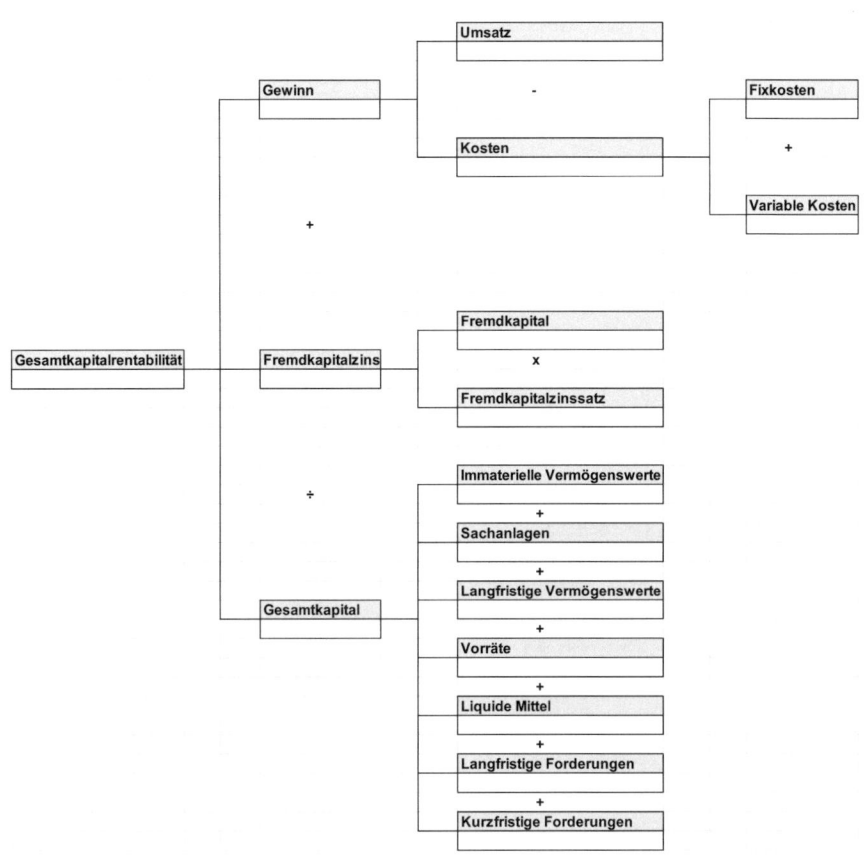

Abbildung 1: Kennzahlensystem als Rechnungssystem

2.2 Entwicklung eines Controllingsystems

Das nachfolgende Controllingsystem ist dem Kennzahlensystem aus Abbildung 1 entsprungen. Das Kennzahlensystem wurde um Plan- und Ist-Zahlen erweitert und somit zum Controllingsystem umfunktioniert.

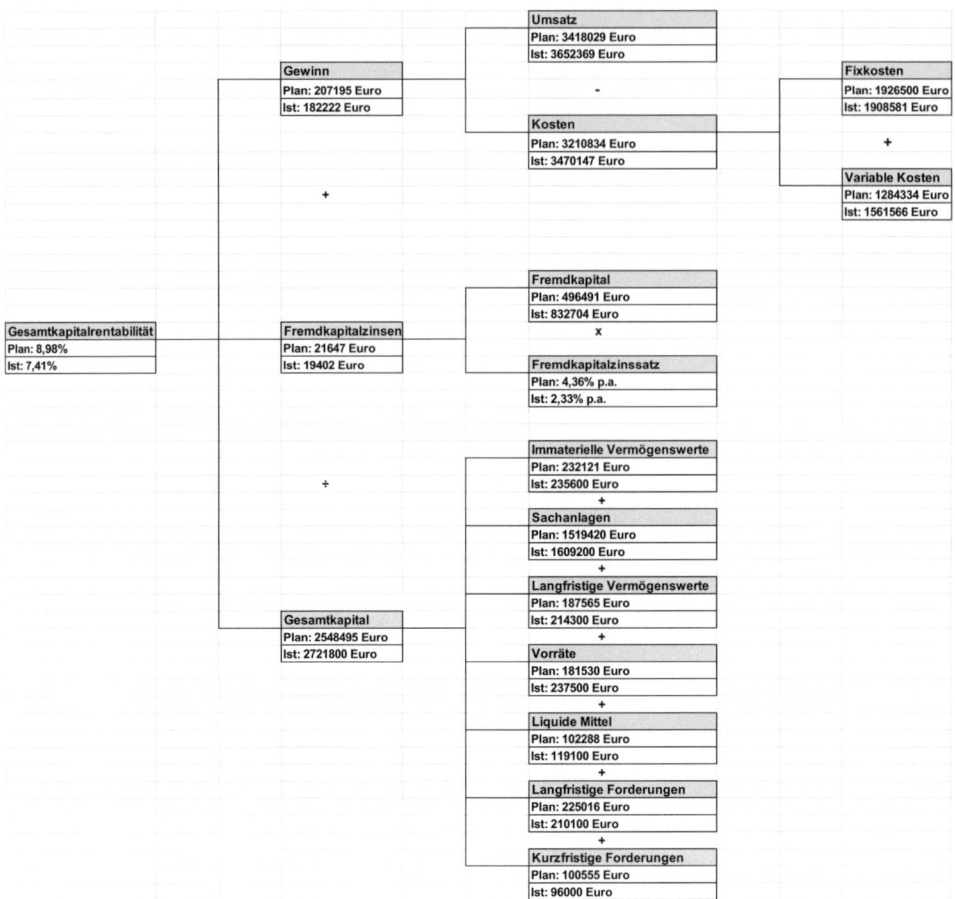

Abbildung 2: Controllingsystem

2.3 Interpretation Controllingsystem

Ein Controllingsystem soll dem Unternehmen schnell und präzise die Entwicklung wichtiger Kennzahlen an Hand von Plan- und Ist-Zahlen aufzeigen. Durch dieses Tool ist es dem Unternehmen möglich rasch auf etwaige Entwicklungen zu reagieren und gegebenenfalls Schwachstellen aufzuspüren und Gegenmaßnahmen zu ergreifen.

Im zuvor dargestellten Controllingsystem gibt es einige Abweichungen zwischen den Plan- und den Ist-Zahlen.

Die Plan-Kosten sind niedriger angesetzt, als die Ist-Kosten schlussendlich sind. Dies rührt vor allem von den variablen Kosten her. Die variablen Kosten sind immer auslastungsabhängig und können daher stark variieren. Eventuell war der Waren- und Materialeinsatz höher als geplant, da mehr Aufträge entgegen genommen wurden als vorhergesehen. Im Gegenzug sind die Fixkosten aber unter der Planzahl, was wiederum als positiv zu bewerten gilt, da diese auslastungsunabhängig sind.

Der geplante Gewinn wurde nicht erreicht, obwohl der Plan-Umsatz übertroffen wurde. Dennoch waren die Kosten höher als geplant und somit konnte der anvisierte Gewinn nicht erreicht werden.

Da der Bankberater mitgeteilt hatte, dass sich die Fremdkapitalzinsen im nächsten Jahr eher nicht erhöhen werden, wurde hier mit den gleichen Fremdkapitalzinsen wie im Vorjahr kalkuliert. Trotz höherem Fremdkapitalanteil als geplant, fallen die Fremdkapitalzinsen niedriger aus, als geplant. Dies rührt daher, dass der Fremdkapitalzinssatz fast um die Hälfte abgesunken ist. Eventuell wurden hier neue Kreditverträge mit niedrigerem Fremdkapitalzinssatz ausgehandelt.

Auch der Ist-Wert des Gesamtkapitals überschreitet den geplanten Wert. Hier stechen vor Allem die Vorräte ins Auge. Der Ist-Wert übersteigt den Plan-Wert enorm. Durch verbesserte Logistik sollten die Vorräte sinken. Eventuell ist der Absatz eines Produktes eingebrochen und die GmbH sitzt nun auf den Vorräten fest, bis sie einen neuen Abnehmer für diese findet.

Des Weiteren fällt auf, dass die langfristigen Vermögenswerte die Plan-Zahlen auch weit überschreiten. Hier wurden eventuell neue Lizenzen oder Nutzungsrechte erworben, welche den Wert der langfristigen Vermögenswerte nach oben verschieben.

Auch die geplanten Werte der Sachanlage wurden weit überschritten.

Da das Unternehmen bereits angekündigt hatte einige Modernisierungen vornehmen zu wollen, wurde hier eventuell mit zu niedrigen Werten kalkuliert oder man hat sich dazu entschlossen noch mehr in die Modernisierung zu investieren, so dass die Ist-Zahl der Sachanlagen weit über der Plan-Zahl liegt.

Die Abweichungen der anderen Plan- und Ist-Zahlen ist nicht so marginal, wie bei den zuvor analysierten Werten.

Zusammenfassenden lässt sich sagen, dass auf Grund der Entwicklung der Plan- und Ist-Zahlen sich natürlich auch der Ist-Wert der Gesamtkapitalrentabilität angepasst hat. Dieser liegt unter der Plan-Zahl. Hier lässt sich sagen, je höher die Gesamtkapitalrendite ist, desto effektiver wird das Kapital des Unternehmens eingesetzt.

3 Kostenrechnung

3.1 Zuschlagskalkulation

Um die Zuschlagskostenkalkulation vornehmen zu können, muss man zuerst den Handlungskostenzuschlag errechnen.

Die Formel hierfür lautet: $\frac{Gemeinkosten}{Einzelkosten} \times 100$

Gemeinkosten setzen sich aus allen Kosten zusammen, welche den betrieblichen Leistungen nicht direkt und eindeutig zugeordnet werden können. In diesem Fall aus den Mietkosten á 90100 Euro (netto), Versicherungskosten á 4096 Euro (netto), Personalkosten á 72690 Euro (netto) und den Vertriebskosten i. H. v. 5240 Euro (netto).

Einzelkosten setzen sich aus allen Kosten zusammen, welche den betrieblichen Leistungen eindeutig zugeordnet werden können. In diesem Fall wären dies nur die Wareneinsatzkosten in Höhe von 272600 Euro (netto).

Handlungskostenzuschlag = $\frac{90100+4096+72690+5240}{272600} x100 = 63,14\%$

Nachfolgend wird die Zuschlagskostenkalkulation dargestellt.

Tabelle 4: Zuschlagskostenkalkulation

Zuschlagskosten	Euro	Prozent
Einkaufspreis (brutto)	82,71 Euro	19%
Listeneinkaufspreis (netto)	69,50 Euro	
-Rabatt	1,67 Euro	2,4%
= Zieleinkaufspreis	67,83 Euro	
-Skonto	0,68 Euro	1%
= Bareinkaufspreis	67,15 Euro	
+Bezugskosten	0,75 Euro	
= Bezugspreis	67,90 Euro	
+Handlungskostenzuschlag	42,87 Euro	63,14%
= Selbstkosten	110,77 Euro	
+Gewinn	42,09 Euro	38%
= Barverkaufspreis	152,86 Euro	
+Kundenskonto	4,73 Euro	3%
= Zielverkaufspreis	157,59 Euro	
+Kundenrabatt	6,58 Euro	4%
= Listenverkaufspreis (netto)	164,57 Euro	
= Verkaufspreis (brutto)	195,84 Euro	19%

3.2 Deckungsbeitragsrechnung

Die folgende Tabelle enthält alle relevanten Zahlen, die für die Deckungsbeitragsrechnung der Laufbandanalyse notwendig sind. Zudem werden die einzelnen Rechenschritte aufgezeigt.

Tabelle 5: Deckungsbeitragsrechnung

Rechnungsposten	Daten	Rechnung
Kaufinteressenten	240/Monat	
Laufbandanalyse	1/3 der Interessenten	$\frac{240 Kunden}{3} = 80\ Kunden$
Kauf	70% der Laufbandanalysen Kunden	$80 Kunden \times 0{,}7 = 56\ Käufe$
Mitarbeiterprovision	5 Euro/verkauftes Paar Schuhe	$5\ Euro \times 56\ Käufe = 280\ Euro$
Fläche	20m²	$20m^2 \times \frac{7{,}41 Euro}{m^2} = 148{,}20 Euro$
Gesamtfläche	1200m²	$\frac{8900\ Euro}{1200 m^2} = 7{,}41\ Euro/m^2$
Miete	8900 Euro (netto)	
Nebenkosten	5% der Miete (netto)	$148{,}20\ Euro \times 5\% = 7{,}41\ Euro$
Anschaffungen	3850 Euro (brutto)	$\frac{(3850\ Euro \times 100)}{119} = 3235{,}29\ Euro\ (netto)$
Abschreibung	Nutzungsdauer 6 Jahre	$\frac{3235{,}29\ Euro}{6\ Jahre} = 539{,}22\ Euro/Jahr$ $\frac{539{,}22\ Euro}{12\ Monate} = 44{,}94\ Euro/Monat$

280 $Euro\ (Provision) + 148{,}20\ Euro\ (Miete) + 7{,}41\ Euro\ (Nebenkosten)$

$+ 44{,}94\ Euro\ (Abschreibungen) = 480{,}55\ Euro\ (netto)$

$$\frac{(480{,}55\ Euro \times 119)}{100} = 571{,}85\ Euro\ (brutto)$$

$$\frac{571{,}85\ Euro}{56\ Käufe} = 10{,}21\ Euro\ pro\ Laufbandanalyse$$

Bei 10,21 Euro pro Laufbandanalyse beläuft sich der Deckungsbeitrag auf 0 Euro. Da das Warenhaus aber mit 50% Rabatt auf die Laufbandanalyse bei einem Kauf der Laufschuhe wirbt, muss der Preis der Analyse verdoppelt werden, damit der Deckungsbeitrag auch nach den 50% Rabatt noch 0 beträgt.

Somit muss der endgültige Preis der Analyse bei 10,21 Euro x 2 = 20,42 Euro liegen.

3.3 Interpretation einer Deckungsbeitragssituation

Die Aussage lässt sich so nicht pauschalisieren, da der Deckungsbeitrag I die variablen Kosten darstellt, kann dieser von Monat zu Monat schwanken. Die Fixkosten, welche bei Deckungsbeitrag II berücksichtigt werden, sind jedoch konstant. So kann es vorkommen, dass in einem Monat der Deckungsbeitrag I höher ist und somit auch nach Abzug der Fixkosten ein positiver Deckungsbeitrag II entsteht. Für das Unternehmen wäre es wichtig, die Entwicklung der Deckungsbeiträge zu beobachten und zu schauen, in welchem Zusammenhand derjenige Teilbereich mit anderen Teilbereichen steht. Theoretisch könnte es sein, dass der Teilbereich nicht viel Gewinn abwirft oder auch mal negative Zahlen schreibt, aber durch diesen Teilbereich Käufer auch in anderen Teilbereichen Umsatz generieren und sich somit der negative Deckungsbeitrag wieder ausgleicht. Würde das Unternehmen den Teilbereich einfach schließen, würden zwar die variablen Kosten weg fallen, aber die Fixkosten würden weiterhin bestehen bleiben, zudem könnte das Schließen dieses Teilbereiches auch den Umsatz von den anderen Teilbereichen beeinflussen, da gegebenenfalls dann die Kunden des geschlossenen Teilbereiches fern bleiben und somit auch keinen Umsatz mehr in anderen Teilbereichen generieren würden.

Somit gilt es für das Unternehmen erstmal die Entwicklung des Teilbereiches zu beobachten und gegebenen Falls Maßnahmen zu ergreifen, welche einer negativen Entwicklung entgegen wirken und dann abzuwägen, wie weiter vorzugehen ist.

4 Literaturverzeichnis

Schlaffke, W. & Plünnecke, A. (2017). *Studienbrief Betriebswirtschaftslehre III.* Saarbrücken: DHfPG

5 Abbildungs- und Tabellenverzeichnis

5.1 Abbildungsverzeichnis

Abbildung 1: Kennzahlensystem als Rechnungssystem 7
Abbildung 2: Controllingsystem 8

5.2 Tabellenverzeichnis

Tabelle 1: Formeln der vertikalen Strukturanalyse (Schlaffke & Plünnecke, 2017, S.62-65) 3
Tabelle 2: Formeln der kurzfristigen Finanzanalyse (Schlaffke & Plünnecke, 2017, S.66-70) ... 4
Tabelle 3: Formeln der Erfolgsanalyse (Schlaffke & Plünnecke, 2017, S.60-62, S.69) 5
Tabelle 4: Zuschlagskostenkalkulation 11
Tabelle 5: Deckungsbeitragsrechnung 11

BEI GRIN MACHT SICH IHR WISSEN BEZAHLT

- Wir veröffentlichen Ihre Hausarbeit, Bachelor- und Masterarbeit

- Ihr eigenes eBook und Buch - weltweit in allen wichtigen Shops

- Verdienen Sie an jedem Verkauf

Jetzt bei www.GRIN.com hochladen und kostenlos publizieren